홀로 떠났던 여행에서 길을 잃은 적이 있습니다. 비실거리는 자전거에 몸을 싣고 떠났던 길에 갑작스러운 비가 쏟아졌고 옷가지와 머리는 엉망이 되었죠. 이정표도 가로등도 없는 길을 오래 헤맸습니다. 비에 젖어 무거워진 신발과 방전된 휴대폰, 바퀴가 헛도는 자전거. 캄캄한 어둠 속에 홀로 남겨지고 나서야 제가 가진, 갖춘 모든 것이 짐에 불과하다는 것을 알았습니다. 울음을 멈추고 머리를 질끈 묶고 겉옷과 신발을 벗었습니다. 그리고 젖은 얼굴로 하나님께 구했습니다.

"어디로 가야 길이 있나요. 지금 너무 두려워요."

방향도 모른 채 그저 구하며 걸었던 어느 늦은 밤을 기억합니다. 그 밤의 끝에 발견했던 작지만 선명하던 가로등 빛을…. 긴 몸살에 시달려야 했지만, 그때 그 길 위의 방황이 제게 필요했음을 알게 되었습니다. 괴로웠고 두려웠고 외로웠으나 그래도 하나님의 길이었습니다.

카이 작가의 글처럼 우리 모두는 지금 길 위에 서 있습니다. 때로는 방향을 몰라서 때로는 너무 높아서 좌절하지만, 그럼에도 우리에게 허락하신 그 한 걸음을 내딛기만 하면 영원한 자유, 헤매는 기쁨이 우리의 것이 될 것입니다. 하나님의 길 위에 선 우리를 끌어 주고 받쳐 주기 위해 이야기를 시작한 카이 작가의 고백에 고마운 마음을 전합니다.

**가랑비메이커** | 작가, 출판사 "문장과장면들" 대표


잘 아는 내용인데 그 이야기가 듣고 싶을 때가 있습니다. 누군가가 꼭 말해 줬으면 할 때가 있습니다. 문자로 구현된 언어는 상상 속에서 되뇔 때보다 훨씬 큰 위력이 있기 때문입니다. 《그래도 하나님의 길》은 그런 책입니다. 우리에게 필요한 믿음의 글을 잘 담아낸 에세이입니다. 책을 읽고 있으면 메마른 마음에 쉴만한 물가를 만나는 것 같은 기분이 듭니다.

또한 이 책은 독자에게 여러 질문을 건넵니다. 한 번쯤 들었을 법하지만, 막상 누군가 물었을 때는 대답하기 어려운 그 질문에 대한 답을 《그래도 하나님의 길》을 통해 들어보시기를 바랍니다.

**김정주** | 글쓰기 모임 "쓰고뱉다" 운영자, 《그래서 기도》 저자

우리는 살면서 참 많은 길을 마주합니다. 하지만 어느 길이 옳은지, 누구와 함께 가야 하는지 알지도 못한 채 헤맬 때가 참 많습니다. 《그래도 하나님의 길》은 그런 의미에서 좋은 가이드가 되는 책입니다. 이 책을 통해 믿음의 경주를 하는 많은 이들이 용기를 얻었으면 좋겠습니다. 좁은 길이지만 하나님과 함께 걷는 생명의 길로 우리를 초대하시고 이끌어 주시는 주님의 사랑을 마주할 수 있길 기대합니다.

**강윤미** | 사모, 《하나님 성품 태교 동화》 저자

진실한 인간관계가 그리운 시대를 살고 있습니다. 카이 작가는 저에게 진실한 인간관계를 알게 해 준 소중한 사람입니다. 평소 카이 작가를 통해 많은 것을 배우고 있습니다. 《그래도 하나님의 길》은 그 내용이 고스란히 담겨 있는 책입니다. 지금 중요한 선택 가운데 고민하고 있다면, 우리에게 필요한 믿음의 이야기를 고요하고 차분하게 담아낸 이 책을 읽어 보시길 추천합니다.

**김권섭** | 기독교 주얼리 브랜드 "토브 라피스 니제르" 대표

결국 우리 고민은 '일상'입니다. 평범한 삶 속에서 오늘 우리가 직면한 문제들로 고민합니다. "나는 오늘 어떻게 살아

가야 하지?", "나는 지금 잘하고 있는 걸까?", "이 사람을 내가 어떻게 대해야 하지?" 《그래도 하나님의 길》은 이런 고민들을 알기 쉬운 평범한 오늘의 이야기들로 답해 줍니다. 평범한 하루는 절대 무의미하지 않다고, 우리 삶 속에서 하나님의 마음, 손길, 그분의 길이 있다고 알려 줍니다. 이 책을 통해 하나님의 길은 멀리 있지 않고, 오늘 우리의 길 위에 있음을 알게 되기를 바랍니다.

**나도움** | 목사, "스탠드그라운드" 대표

우리는 예측 불가능한 일을 만날 때 당황합니다. 아무것도 할 수 없을 것 같은 거대한 벽 앞에서 두려워합니다. 그럴 때 우리가 할 수 있는 유일한 길은 하나님을 만나는 것입니다. 해결되지 않는 문제 앞에서 염려하는 우리에게 카이 작가는 한 권의 책을 선물로 건넵니다. 하나님의 길이 담겨 있는 책입니다. 이 책은 어려움 속에서도 하나님의 길을 가는 그리스도인의 마음이 담겨 있습니다. 우리가 걸어야 할 길, 우리에게 허락된 유일한 믿음의 길을 걷고자 한다면 이 책이 좋은 안내서가 될 거라고 믿습니다.

**박길웅** | 목사, 《버리기 잘한 습관들》 저자

《그래도 하나님의 길》에는 삶을 돌아보게 해 주는 좋은 글을 많이 만날 수 있습니다. 저 역시 "우리 삶을 인도하시는 분이 하나님이라는 사실을 깊이 깨달을 때 할 수 있는 일들이 많아집니다."라는 글귀를 읽고 일상을 돌아보게 되었습니다. 그렇습니다. 우리 삶의 주인이 주님이시기에 모든 일에 믿음으로 나아간다면 하나님의 일하심을 맛보게 될 것입니다. 내 삶에 역사하시는 하나님을 만나기를 원한다면, 그래서 주의 길로 한걸음이라도 더 나아가길 원한다면

이 책을 권하고 싶습니다.

**이동선** | 피아워십 대표

구겨진 마음을 펴 보려 애쓰다 오히려 마음이 찢어질 것 같은 기분이 드는 날이 참 많습니다. 그렇다면 이 책을 펴기에 딱 좋은 때라 생각됩니다. 카이 작가는 넓게 보고 살그머니 빈 곳을 채우는 친구입니다. 우리의 친구 되시는 예수님의 손을 내 손 위에 살며시 포개 주며 잇는 친구입니다. 《그래도 하나님의 길》은 여러분에게 그런 친구가 되어 줄 것입니다. 카이 작가의 하루하루가 모여 메시지가 되었고 남모를 고민과 눈물이 고인 자리가 깊은 샘이 되었기에, 한 장 넘기며 한 모금, 또 한 장을 넘기며 또 한 모금, 그렇게 마음을 축여 봅니다.
"다분히 구겨진 오늘도 마음 다려 줘서 고마워. 같이 걷자. 그래도 하나님의 길."

**자두** | 가수

"밤하늘의 별을 가장 선명하게 보는 방법은 모든 불을 끄는 것입니다." 책 속에 담긴 하나의 문장 앞에 제 마음에 있던 수많은 스위치를 내렸습니다. 카이 작가는 놀랍도록 담백한 문장들을 통해 고단백의 영적인 통찰을 우리에게 전달해 줍니다. 그러면서 삶의 고단하고 복잡함 속에 있는 우리에게 이야기합니다. "그래도 하나님의 길이 있다."고. 고단한 삶 속에서 어느새 내가 어떤 길을 가고 있었는지 잃어버렸다면, 이 책이 우리를 다시 처음 그 길로 인도해 줄 것입니다.

**조재욱** | 목사, 《물음에 답하다》 저자

그래도
하나님의 길

# 그래도
# 하나님의 길

카이

구름이 머무는 동안

선택의 순간에 고민하게 될 때

• 이 책의 본문은 '을유1945' 서체를 사용했습니다.

구름이 성막 위에
머무는 동안에는
그들이 진영에 머물렀고

민수기 9장 18절

# 차례

## PART 1.
### 앞으로 무얼 준비해야 할까요?

## PART 2.
### 뒤돌아보고 싶을 때

# PART 3.
## 옆에 있는 사람들

## PART 4.
### 위를 바라보는 시간

## 프롤로그

자욱하게 안개가 내리던 어느 날, 산에
올랐습니다. 등산을 시작한 지 얼마 되지 않았을
때, 함께 오르던 이들 중 한 사람이 말했습니다.

"길이 없는 것 같아. 돌아가자."

부유스름한 안개로 인해 앞이 보이지 않아
당혹한 그에게 선두에서 우리를 이끌던 형이
말했습니다.
"걱정 마, 길은 있어."

한참을 올라가도 안개는 걷히지 않았고, 길은
더욱 보이지 않았습니다. 다들 웅성이기
시작했습니다.
"아무래도 길을 잘못 들어온 것 같아.
지금이라도 내려가는 게 좋겠어."
하지만 선두에 선 형은 확신에 찬 목소리로
말했습니다.

"이 길이 맞아. 우린 제대로 가고 있어. 잘
따라오기만 해."

길을 잃은 것 같은 두려움 가운데 발을 내딛던
우리 앞에 드디어 파란 하늘이 들어왔습니다.
정상이었습니다.

알지 못하는 길을 걸을 때 우리에게 필요한 것은
두렵지만 그럼에도 나아가는 용기입니다.
짙은 안개가 앞을 가릴 때, 내 곁에 아무도
없다고 느껴질 때도 오늘의 그 한 걸음이
필요합니다. 아무것도 보이지 않지만 그럼에도
걸음을 옮길 때, 하나님은 파란 하늘을 보여
주실 것입니다.

《그래도 하나님의 길》은 그분의 길을 포기하지
않은 이들의 고백입니다. 하나님의 인도하심에
감사하는 고백입니다. 지금 간절하게 한 걸음을
옮기기를 원하는 모두의 선포입니다.

2023년,
하나님의 길 위에서,
카이.

## PART 1

앞으로 무얼 준비해야 할까요?

하나님과
여행을 떠납니다.

# 어디로 　가야 할지 모르는

길을 가다가 갈림길에서
어디로 가야 할지 헤맬 때가 있습니다.
중요한 문제 앞에서
어떤 결정을 해야 할지 고민할 때가 있습니다.

그때마다
'이쪽이 하나님의 길입니다.'
'이렇게 하면 하나님이 기뻐하실 것입니다.'라는
표지판이 있었으면 좋겠습니다.

어떻게 하면
하나님의 길을
찾을 수 있을까요?

어떻게 하면
하나님이 원하시는 길을
걸어갈 수 있을까요?

# 빠뜨린

## 준비물

여행을 떠나기 전, 꼼꼼하게 준비한다고 해도
막상 출발하면 꼭 빠뜨린 것들이 있습니다.

그런데 철저하게 준비하지 못했다고 해서
그 여행을 망쳤다고 말할 수는 없습니다.

집과 같은 완벽한 편안함을 누리는 것이
여행의 목적이 아니기 때문입니다.
여행은 떠났다는 그 자체에 의미가 있습니다.

신앙 여정도 그러합니다.
그 자체로 의미가 있습니다.

완벽하게 준비된 상태가 필수조건은 아닙니다.
오히려 함께 떠나는 이가 누구인지,
무엇을 위해 그와 그 여정을 함께하는지
그 의미를 아는 것이 중요합니다.

하나님의 길을 걸어가는
신앙 여정의 필수조건은
그분과의 동행입니다.

# 나를

## 안심하게 하는 질문

산을 오를 때
우리는 정상에서 내려오는 이들에게
종종 질문합니다.

"정상까지 얼마나 남았나요?"

정상까지 정확한 도착 시간을
알고 싶다기보다는
정상에 오를 수 있다는
희망을 얻기 위해서 말입니다.

"하나님의 길은 어디인가요?"

이렇게 묻는 것은
정확한 이정표를 알기 위해서라기보다는
하나님의 길을 걷고 있다는
희망을 갖기 위해서이지 않을까요?

그래서 하나님은
평생 힘든 길을 걸으라고 한다면
우리가 쉽게 포기할 것임을 아시기에,

하루하루 한 걸음씩, 한 걸음씩
나아가라고 말씀하십니다.

# 낯선 길

## 즐겁게 걷기


여행을 가면
마주치는 모든 것이 새롭습니다.

낯선 길.
그곳만의 나무와 들풀,
그곳에서만 맛볼 수 있는 새로운 음식들.
그곳에서만 만날 수 있는 새로운 사람들.

하나님과 함께하는 여행에서,
하나님은 어떤 것을 준비하셨을까요?

이 땅에서의 여행도
새로운 만남에 대한 기대감에 설레는데,
하나님이 준비하신 여행의 설렘은
그것에 비할 바가 아닐 것입니다.

여행을 통해 우리에게 주시는
선물과 같은 기대와 행복을
하나님과의 여행에서도 찾을 수 있기를,
꼭 찾게 해 주시기를 기도합니다.

# 두려움의

## 이유

높은 산을 오르려면
먼저 해야 할 일이 있습니다.
우선 평지를 꾸준히 걷는 연습을 하는 것입니다.
그리고는 작은 언덕부터
오르기 시작해야 합니다.
그렇게 충분히 언덕 오르내리기를 마치면
작은 산은 오를 수 있는 근육이
만들어졌을 것입니다.
그때 산을 조금씩 높여 가며 올라야겠지요.

이런 준비 없이
바로 히말라야를 등반해야 한다면
얼마나 두려운 마음이 생길까요?
두려움은 사실 준비되지 않아서
생길 때가 많습니다.

하나님의 계획에는 실패가 없지만
준비하지 않고 두려움만 갖고 있으면
하나님의 계획을 내가 방해할 수 있습니다.
그러니 게으르고 회피하려는 본성을
잘 다스려야 합니다.

너무 두려워서 평지조차도 걸을 수 없다면
아직 나는 산을 오를 준비가 되지 않은
사람입니다.
그 두려움이 준비되지 않았음을 알려 주는
하나님의 신호입니다.

하나님이 책임져 주시는 인생이지만
내가 해야 할 일이 있습니다.
가만히 누워 있던 삶에서 일어나는 것입니다.
그리고 움직이는 것입니다.
그럴 때 하나님은 앞으로 걸을 힘을 주시고
나를 방해하던 두려움이 사라지게
하실 것입니다.

무엇으로/무얼 준비해야 할까요

# 내 손에

## 있는 것들로

예수님이 물고기 두 마리와
떡 다섯 개를 제자들에게 나누십니다.

제자들이 받은 것은
온전한 형태의 음식이 아닌
작은 부스러기 같은 조각이었을 것입니다.

그런데 예수님은
제자들의 손 위에 있는 그 부스러기로
오천 명이 충분히 배부르게 먹고도
남게 하셨습니다.

우리도 그럴 때가 있습니다.
내게 있는 것이 보잘것없게 느껴져서
아무것도 하지 못하고,
두려워할 때가 있습니다.

하지만 예수님의 손에서
조각난 빵과 물고기로
기적이 시작되었듯이,

우리에게 주신 그 작은 것들이
하나님이 기적을 베푸실
오병이어일 수 있다는 사실을
잊지 말아야 합니다.

앞으로 무얼 준비해야 할까요

# 자전거    타듯이

자전거를 잘 타려면
중심을 잡고 페달을 밟아야 합니다.
지레 겁먹고 페달을 굴리지 않으면
넘어지기만 할 뿐이죠.

하나님은 우리 삶도 자전거 타듯이
매일매일 이어 나가기를 원하십니다.
"하나님, 이렇게나 열심히 했는데
제 상황이 왜 나아지지 않는 거죠?"
페달 한 번 굴려 놓고는
멈춰 서서 이렇게 말하면
나아지는 것은 없습니다.

자전거 처음 탈 때 넘어지지 않도록
꼭 붙들어 주다가
슬쩍 손을 놓아
스스로 탈 수 있게 하는 것처럼
하나님도 의도적으로 멀리서
나를 지켜보실 때가 있습니다.
그러다 한두 번 넘어지기도 하고,
다시 일어서기도 합니다.

그때도 하나님은 눈을 떼지 않고
나를 지켜보고 계십니다.

지금 삶에서
하나님의 인도하심이 느껴지지 않는다면
자전거 타기를 기억하세요.
하나님은 단지 손을 놓고 계실 뿐
나에게서 눈을 뗀 것은 아닙니다.

막막한 현실 앞에
어찌할 바를 모르겠다면
자전거 페달을 굴리듯이
내 앞에 보이는 작은 일 하나를 시작해 보세요.

지금은 그렇게 앞으로 내딛는 연습이
필요한 때인지도 모릅니다.

앞으로 무얼 준비해야 할까요

# 나를

## 괴롭히는 생각들

"사람들에게 좋은 이미지를 보여 주는 것은
너무나 중요해."

이런 생각이 나를 괴롭힙니다.
타인의 시선이 신경 쓰이고,
다른 사람들에게 좋은 모습을
보이려고 노력합니다.
인정받고 칭찬받지 않으면
일을 못하는 것처럼 느껴집니다.
다른 사람 앞에서는
좋은 사람인 척 하지만,
가족에게는 쉽게 화를 냅니다.

완벽하게 준비되지 않으면
아무것도 하지 못하고,
할 일이 많아지면
아예 모든 것을 포기합니다.
늘 계획을 많이 세우며
내 생각을 다른 사람에게 강요합니다.
뭔가에 쫓기듯이 쉴 새 없이 움직이고,
쉬는 건 사치라고 여깁니다.

늘 예민한 상태로 쉽게 신경질 냅니다.

코넬리아 마크는
《완벽주의에 작별을 고하다》에서
이 모든 것이 완벽주의의 문제라고 말합니다.
모든 것을 완벽하게 해내야 한다는 강박은
내가 생각하는 규범과 통제에서
벗어나는 것을 참을 수 없게 만듭니다.
가끔씩 폭발적으로 분노를 쏟아내는 것은
내가 맞춘 틀을 깨는 일이 생기기 때문입니다.
(하지만 이내 후회합니다.)
가족과 직장, 교회에서도
내가 원하는 대로 되어야 직성이 풀립니다.

하나님은 모든 일을 내 뜻대로
모두 다 해낼 수 없다는 걸 알기 원하십니다.
하나님은 쉴 새 없이 완벽을 추구하며
살기를 요구하지 않으십니다.
단지 우리가 그분 안에서 온전하게
완성되어 가는 것을 보기 원하십니다.

앞으로 무얼 준비해야 할까요

지금까지 나를 갉아먹던
이 완벽함의 틀에서 갇혀 있었다면,
이제는 끊임없이 남과 비교하던 습관을
버리면 어떨까요?
우리는 더이상 조급하지 않아도 됩니다.
우리 인생을 가장 잘 아시고
내 가치를 가장 깊이 이해하시는 분이
우리 아버지 하나님이시기 때문입니다.
모든 짐을 그분께 맡기고
하나님의 길을 가볍게 걸어가는 것,
이것이 참 자유를 누리는 비결입니다.

그래도 하나님의 길

인생은 예측할 수 없는
일들로 가득합니다.
이것을 기억하는 것만으로도
삶은 한결 수월해집니다.

## 하나님께　　　기대는 시간

연을 잘 날리려면 바람에 따라
연의 위치를 바꿔 주어야 합니다.
바람을 따르기만 하면
연은 오래오래 하늘을 날며
아름다운 풍경을 누릴 수 있습니다.

역풍이 불 때
연은 가장 높이 날 수 있다고 합니다.
하지만 그 의미는 바람에
맞서 싸운다는 뜻이 아닙니다.
바람에 몸을 싣는 것입니다.

하나님의 길을 갈 때도 그렇습니다.
마치 연이 바람을 타듯
하나님의 인도하심을 따르기만 하면
우리는 평안을 누릴 수 있습니다.

그렇게 하나님과 동행하는 법을 배우다 보면
어느새 우린 하나님의 시선으로
세상을 바라보는 법을 배우게 됩니다.

# 가볍게

## 여행하기

높은 산을 오를 때 우리는
빈손으로 가지 않습니다.
추위를 대비해 외투를 넣기도 하고,
비상식량을 챙기기도 합니다.
혹시 모를 상황에 대비해서 많은 것들을
가방에 넣습니다.

문제는 여기서 시작됩니다.
우리가 준비하는 가방의 목적은
긴 여정을 무사히 마치기 위한 것이지
무거운 짐을 만들기 위함이 아닙니다.
그런데 '혹시' 하는 염려로
이것저것 욱여넣다 보면,
어느새 커다란 가방은 꽉 차게 되겠죠.
그렇게 산을 오르면 가방의 무게로 인해
쉬이 지치고 맙니다.

산을 잘 오르려면 가방 안에 넣었던
나의 계획들을 하나씩 꺼내야 합니다.
비어 가는 가방을 보면 두려울 수 있습니다.
하지만 우리가 염려하며 꼭 쥐고 있던 것들을

그래도 하나님의 길

비워야만
하나님의 도우심을 경험할 수 있습니다.

이제 내가 준비한 것을
비우는 용기가 필요합니다.
혹시 많은 것을 준비해서 산을 오르고 있다면
잠시 짐을 정리하는 시간을 가져 보세요.

비워진 곳은 하나님의 은혜가 채울 것입니다.

앞으로 무얼 준비해야 할까요

## 숨바꼭질을
### 끝낼 시간


"못 찾겠다, 꾀꼬리."
숨바꼭질에서 술래의 저 말 한마디면
모든 숨어 있는 아이들을 다 불러낼 수
있습니다.
그런데 술래의 말에도 아랑곳하지 않고
계속 숨어 있다면 어떻게 될까요?
함께 놀던 아이들은 모두 집으로 가고
혼자 남아 어둠에 갇히게 되지 않을까요?


어른이 된 우리는 아이처럼
가끔 숨바꼭질을 합니다.
감당할 수 없는 어려움을 만났을 때,
아무리 생각해도 도저히 답을 찾을 수 없을 때
우리는 숨어 버립니다.


한참을 꼭꼭 숨어 있다가
고통은 피한다고 피해지는 것이 아님을
깨닫습니다.
아무리 벗어나려고 애써도
결국 우리는 다시 그 문제가 있는 일상으로
돌아와야 한다는 것을

그래도 하나님의 길

깨닫게 되는 것이죠.

그런데 숨어 있다가 나올 때
조금 쭈뼛거리며 나와도 괜찮습니다.
잠시 숨 고르기를 하고선
느릿느릿 나와도 괜찮습니다.

빛으로 나아오는 용기만 있으면 됩니다.
내 손에 내 문제를 들고
하나님께 다시 나오는
그 용기만 있으면 됩니다.

앞으로 무얼 준비해야 할까요

내 삶을 인도하시는 분이
하나님이시라는 사실을
인정하기만 하면,

할 수 있는 일이 많아집니다.
해야 할 일이 달라집니다.

# 빛은              사라지지 않습니다

삶의 어려움은
다양하게 해석될 수 있습니다.

우리를 성화시키시고
인내를 배우게 하시기 위한
하나님의 뜻일 수 있고
새로운 길을 열어 주시기 위한
하나님의 계획일 수도 있습니다.

모든 것을 다 알 수는 없지만,
지금의 고난에서 벗어나는 방법은
명확합니다.
하나님에게서 눈을 떼지 않는 것입니다.

빛이 있는 곳까지 길은 이어져 있습니다.
우리가 길을 잃어버릴까
염려할 필요는 없습니다.

우리 앞에 보이는 그 빛은
절대 사라지지 않기 때문입니다.

# 선택을 잘 하고 있다는       착각

때때로 우리는
나 자신의 선택을
하나님의 타이밍으로
착각합니다.

"지금 아니면 안 돼."

이렇게 마음을 정하면
그때부터 수집하는 정보들은
그 선택을 합리화하는 데 쓰입니다.

"이미 정했으면 해야 하는 거야."

정말 해야 할 때와
내가 하고 싶은 때를
구분하지 못해서 생기는 잘못이지요.

혹시 지금 어떤 결정을 앞두고 있나요?
하나님께 묻는다는 시늉은 하고 있지만
이미 내 안에
답을 정해 놓지는 않았나요?

그래도 하나님의 길

## 고난을 통해    알게 되는 것


고개를 숙이면
눈앞에 어두운 그늘이 보입니다.

그늘이 있다고
하던 일에서 손놓고
절망할 것은 아닙니다.

이 그늘은 나를 향한
하나님의 빛이 존재하고 있다는 사실을
알게 해 주는 증거입니다.

어두운 그늘만 보이는 그 시간을 통해
하나님의 살아 계심을 알게 될 것입니다.

지금 우리의 현실이 더 이상
나아가지 못하는
답답하고 막막한 상황이라면,
이제는 하나님 안에서 깊어져야
할 때입니다.

## PART 2

뒤돌아보고 싶을 때

햇빛이 계속 내리쬐는 맑은 날이
땅을 메마르게 할 수도 있습니다.

## 약해지는

### 순간마다


아무런 흔적도 없고,
인기척조차 없는 텅 빈 길.

'혹시 잘못된 것은 아닐까?'
'이대로 계속 가도 될까?'

망설이고 있을 때,
수많은 생각이 사로잡을 때,
다시 걷게 하는 흔적이 보입니다.

먼저 그 길을 걸어가신
예수님의 발자국.

끊어졌던 길은
예수님의 십자가로 이어졌고,
굳게 닫혔던 문은
예수님으로 인해
활짝 열렸습니다.

인생을 살다 보면 숨막히게 하는
크고 작은 문제들이 엄습해 오지만

뒤돌아보고 싶을 때

예수님의 십자가는
그 어려움을 능히 견디고
건너게 하는 사다리가 되어 줍니다.

인기척 없는 길에서
막막할 때,
애써 두렵지 않다고 속이지는 마세요.
다만, 닫힌 문을 여시고
끊어진 길을 이으신 그분이
언제나 함께한다는 그 사실을 꼭 기억하세요.

"네 앞에 발자국 보이지?
그것만 따라오렴.
그것이 네가 가야 할 길이란다."

밤이 되어서야

우리는 연약함을 대면한다


모든 희망이 사라져 아무것도 없는 나를,
굳이 그곳에 보내지 않으셔도
이미 광야에 선 것 같은 나를
하나님은 더 극심한 고통으로 몰아넣으십니다.

여기에 서 있어야
하나님을 만날 수 있다는 말에도
전혀 위로가 되지 않습니다.

지금 나의 목표는 이 지독한 광야에서
빠져나오는 것이기 때문입니다.

그러나 하나님의 생각은
이 광야에서
탈출시키시는 것이 아닙니다.

한계와 절망을 경험하고서야
하나님을 찾는 나를
너무나도 잘 아는 하나님은
오늘도 내 귓가에 속삭입니다.

뒤돌아보고 싶을 때

"나는 너를 책임지는 하나님이다."
"너는 나만을 의지하고 믿어야 한다."

그래서 나는 오늘도 반짝반짝 빛나고 싶은,
사람들에게 박수 받는 길을 걷고 싶은
마음을 내밀치고
두려움이 가득한 광야가 아닌,
하나님과 대면할 수 있는 놀라운 광야로
나아갑니다.

## 바꿔 본          질문

"하나님의 길은 어디에 있나요?"

이 어려운 질문을
이렇게 바꾸면
대답은 생각보다
쉽게 나옵니다.

"하나님, 어디 계신가요?"

수수께끼 같은 인생의 문제 앞에서
하나님은 우리의 모든 순간에
함께하신다고 말씀하십니다.

뒤돌아보고 싶을 때

# 넷플릭스를 보며

## 외로움을 잊다

오늘도 넷플릭스를 봅니다.
몸이 지칠 때까지 밤새워 보고 나면
잠시나마 외로움을 잊을 수 있습니다.
하지만 그것도 잠시뿐,
다음날이 되면 또다시 적적함이 몰려옵니다.

우리는 시간을 가득 채워서 삽니다.
외로울 틈이 없게 많은 것을 집어넣습니다.
외롭다고 느낄 때면 사람을 찾습니다.
공허한 마음에 분주함을 넣어 채우면
외로움이 해결되리라 생각합니다.

밤하늘의 별을 가장 선명하게 보는 방법은
모든 불을 끄는 것입니다.
주변을 밝히는 수많은 불빛은,
사실 별을 보기 위해서는 불필요합니다.

지금 깊은 외로움 속에 있다면
주위의 불빛을 꺼야 합니다.
마음속 허황된 빛들이 모두 사라질 때까지.

그리고 우리를 끝까지 사랑하시고
절대로 혼자 두지 않으시는
하나님을 만나야 합니다.

그것만이 우리의 근원적인 외로움을
해결하는 방법입니다.

뒤돌아보고 싶을 때

## 주일    아침

일요일 아침은 단지
교회에 가는 날이라는 것만으로도
그냥 좋았습니다.
하지만 지금은 그 하루가 버겁습니다.

지치고 고된 일주일을 보내고 다시 맞이한 주일,
오늘도 교회로 향합니다.

예배를 포기할 이유는 백만 가지가 넘지만
끝까지 하나님의 손을 붙잡습니다.

예배드릴 힘도, 숨쉴 힘조차 없어도
가진 모든 것이 닳아 없어진다고 해도
포기하지 않겠습니다.

주께로 향하는 제 믿음을 기쁘게 받아 주세요.
무너진 제 삶을 다시 일으켜 주세요.

뒤돌아보고 싶을 때

# 우리가    처음    믿었을 때

"하나님 이것 좀 해 주세요."
"하나님 저것도 해 주세요."
처음 예수님을 믿었을 때는
원하는 걸 참 많이도 말씀드렸습니다.

하나님이 귀찮지는 않으실까 생각하면서도
시시콜콜한 것까지 말씀드렸는데
어느 날부터 나는 기도를
줄이기 시작했습니다.
원하는 것이 있어도 쭈뼛댔습니다.

"이 일은 하나님도 못 하실 거야."
"이런 것까지 하나님이 신경 써 주시겠어?"

커다랗고 의미 있는 일만 하나님께
말씀드려야 한다고 생각하며
하나님을 제한하기 시작한 건
언제부터일까요?

신앙이 자랄수록
나는 왜

순수한 모습으로
하나님께 나아가지 못하는 것일까요?

뒤돌아보고 싶을 때

하나님은 언제나 옳으십니다.
언제까지 그 사실을
의심할 건가요?

## 멈춰 있는 동안

### 보이는 것들


빨간 신호등이 켜졌습니다.
가던 걸음을 멈춰야 합니다.

우리가 빨간 불에
잠시 멈추어 있는 동안
하나님은 그 길 위에 있는
사람들을 보게 하십니다.

인도 위에 서 있는 사람들,
함께 멈추어 있는 차들,
그리고 맞은편에서 진행 신호를 받고
달려가는 차까지.

모두 다 하나님의
신호에 따라 움직이고 있었습니다.

우리는 멈추어 섰을 때
비로소 볼 수 있습니다.
나만 있는 것이 아닙니다.
함께 가고 있었습니다.

그러니 조급해 하지 말고 기다리세요.

초록 불은 곧 켜질 것입니다.

그래도 하나님의 길

# 쉬지 않으면,

## 한순간에 무너져요


고속도로를 달리다 보면
'졸리면 쉬었다 가세요.'라는
문구를 중간중간 볼 수 있습니다.
스스로 피곤함을 깨닫지 못했더라도
그것을 보고 쉴 수 있도록 하기 위함이지요.

하나님의 길을 걸을 때도 분명
'쉬다 가세요.'라는 신호를 만날 것입니다.
하루를 바쁘게 보내고
밤이 되면 잠을 자야 하듯이
하나님의 길을 부지런히 걷는 사람에게도
쉬는 시간이 필요합니다.

내 안에 말씀이 고갈되고
기도도 나오지 않는다고 느낄 때가
바로 그때입니다.

그런데 착각하지 말아야 할 것은
지쳐서 쉰다고 해서 우리가 하나님의 길을
벗어나거나 포기한다는 뜻이 아닙니다.
잠시 앉아 쉬는 그 시간은

뒤돌아보고 싶을 때

하나님의 그늘 아래 회복을 경험하는
시간입니다.

우리는 뭔가 의미 있는 일을 하고 있지 않으면
뒤처졌다고 생각합니다.
하지만 성숙은 쉼 없이 앞을 향해 달리는
시간을 통해서만 만들어지는 것이 아닙니다.
쉼을 통해서도 우리는 성숙해 갑니다.

'지쳐서 그만합니다.'가 아니라
'지쳐서 잠시 쉬겠습니다.'를 연습해 보세요.
잠시 쉬기로 한 우리 선택을
하나님은 기뻐하실 것입니다.
그러니 지쳤다는 마음에
죄책감을 갖지 맙시다.

그래도 하나님의 길

# 실패를                    마주한다는 것

실패를 마주한다는 것이
얼마나 어려운지 잘 알고 있습니다.
숨기고 싶던 나약한 모습을
드러내야 하기 때문입니다.

실패를 마주한다는 것이
얼마나 아름다운지 잘 알고 있습니다.
실패를 통해서만 가 볼 수 있는 놀라운 길로
이어지기 때문입니다.

그 길에서 우리는
무너진 관계를 회복시키고
황폐한 마음에 단비를 내리시는
하나님을 만날 수 있습니다.

그 길에서 우리는
이전에 몰랐던 놀라운 일을 만나게 됩니다.

실패는 결코 종착지가 아닙니다.
새로운 세계로 나아가는 통로입니다.

그래도 하나님의 길

## 잠시        눈을        감아요


어려운 일이 닥칠 때면 가만히 눈을 감습니다.
체념한다는 뜻은 아닙니다.
부족함과 연약함을 알고
하나님께 나아가는 것입니다.
보이는 것들로 판단하기를 내려놓고
하나님의 방법을 가만히 기다리는 것입니다.


더 이상 한 걸음도 내디딜 수 없다고 느낄 때
뛰어넘을 수 없는 상황 앞에서
결국 체념하고 좌절합니다.


그런데 잘 생각해 보세요.
하나님 도우심 없이 살아간 날들이 있었는지요?
하나님 없이 단 일 분이라도
제대로 살아갈 수 있었는지요?
우리는 하나님 없이는 한순간도
살 수 없는 인생입니다.

폭풍을 만나면 눈을 부릅뜨고
맞서려고 하지 마세요.
서둘러 그 길을 통과하려고도 하지 마세요.

뒤돌아보고 싶을 때

자오록한 안개 같은 문제 때문에
멈춰 서서 망설이고 있다면,
다만 눈을 감고 기다리세요.
하나님이 가야 할 길을 보여 주실 것입니다.

## 기도해야

### 알 수 있는 것


오랫동안 부모님과
말 한마디도 하지 않던 자녀가
갑자기 이렇게 말했다고 가정해 봅시다.
"아파트 한 채만 사 주세요.
이 순간을 위해 수십 년 말을 아껴왔어요."

황당한 이야기지요.
하지만 평소에 기도하지 않으면
우리도 이런 일을 저지를 수 있습니다.

잘못 구하지 않기 위해서 우리는
쉬지 말고 기도해야 합니다.
기도하지 않으면 하나님은 어떤 분인지,
무엇을 원하시는지 알 수 없습니다.
하나님의 마음도 잘 헤아릴 수 없습니다.

쉬지 않고 기도해야
쉬지 않고 일하시는 하나님을 만날 수 있습니다.
매 순간 우리에게 말씀을 건네시는
하나님을 말이죠.
우리가 무엇을 구해야 하는지,

뒤돌아보고 싶을 때

어디로 가야 하는지
매 순간 말씀하고 계시는 하나님을요.

하나님의 길을 걸어갈 때
우리가 얻는 가장 큰 유익은,
하나님을 알게 된다는 것입니다.

# 이해할 수 없는

## 일들이 일어날 때

길을 가다가 어떤 문제를 발견했을 때,
우리는 그 문제를 해결하려고 달려듭니다.
알고 있는 얄팍한 방식으로 해결하려다가
결국엔 문제의 수렁에 빠지고 맙니다.

때때로 우리 앞에 이해할 수 없는
일들이 일어나기도 합니다.
하나님이 아니고서는 설명할 수 없는 일 앞에서,
우리가 할 일은 하나님을 끝까지 믿는 것입니다.
하나님이 아니고서는
해결되지 않는 문제 앞에서,
우리가 먼저 해야 할 일은 회개와 예배입니다.

하나님은 그 일을 통해
우리를 혼란스럽고 고통스럽게
만들려는 것이 아닙니다.
하나님을 더욱 신뢰하게 하려는 것입니다.
하나님이 아니면 해결되지 않는 일이라는 것을
알게 하시려는 것입니다.

하나님은 하나님의 방법으로

일을 해결해 가십니다.
단지 우리는 하나님께
나아가기만 하면 됩니다.
하나님의 자녀가 문제를 해결하는 방법과
믿지 않는 이들이 해결하는 방법은
달라야 합니다.

뒤돌아보고 싶을 때

# 아끼지         말아야 할 것

어려운 일 앞에서 우리는
기도하면 된다는 걸 알면서도,
마치 많은 일 중에,
꼭 해야 할 그 일을 하기 싫어
회피하는 것처럼,
기도해야 하는 그 상황으로부터 '도피'합니다.

문제 해결을 위해
다른 모든 노력은 하고 있지만
기도만큼은 남겨 둡니다.

하나님께 나아가 엎드리면
해결해 주실 것을 알면서도
그렇게 기도를 아낍니다.

눈앞에 보이는 일부터 한답시고
일단 기도는 미룹니다.
하나님을 먼저 찾기보다
필요한 일 먼저,
내가 할 수 있는 일 먼저
해야 한다고 생각하는 것입니다.

기도는 당장의 문제를 해결해 주지
못하는 것처럼 보입니다.
사람들은 우리에게 끊임없이
무언가를 해 보라고 말합니다.
하지만 예수님도 가장 먼저 하신 일은
기도였습니다.

당신은 문제를 스스로 해결하려고
애쓰는 사람입니까?
아니면 하나님 앞에 가지고 가려고
애쓰는 사람입니까?

문제 앞에 있다면 기도를 아끼지 마세요.

뒤돌아보고 싶을 때

장점이라고 생각했던 것들이
교만과 힘을 합쳐
나를 무너뜨립니다.

# 실수해도      괜찮습니다

우리는 실패합니다.
우리는 실수합니다.
하지만 그 실패는 하나님의 실패가 아닙니다.

하나님은 모든 것을 합력하여
선으로 만드시는 분이십니다.
그러니 과거의 잘못으로
너무 고민하거나 근심하지 마세요.
너무 겁내거나 주저하지 마세요.
하나님은 우리의 모든 것을 사용하여
미래를 만들어 가실 테니까요.

그래서 우리가 사는 하루하루가
하나님을 신뢰하는 날들이었으면 좋겠습니다.

그래도 하나님의 길

# 잘　　기다리는 법

사과는 상대 입장에서 문제를 바라보고
잘못에 대해 용서를 구하는 것입니다.
그런데 때때로 우린 상대방을 고려하지 않고
무턱대고 사과합니다.
바로 사과하지 않으면
마음이 불편한 것입니다.
사과 받을 마음의 여유가 없는 사람에게
빨리 용서하라고 강요합니다.

사과를 잘하기 위해서는
기다림이 중요합니다.
기다림이 열쇠입니다.
하나님의 때를 아는 것도 마찬가지입니다.
우리는 하나님의 때를 알고자 기도합니다.
하지만 이내 행동으로 옮깁니다.

직장, 인간관계, 배우자 문제까지
중요한 결정 앞에서 우리는 기도합니다.
하지만 기다리지 못하고 결정합니다.
그렇다면 도대체 왜 기도하는 것일까요?
상대방은 준비되지 않았는데

뒤돌아보고 싶을 때

내 마음 편하자고 사과하는 것처럼,
마치 마음에 보험을 드는 심정으로 기도합니다.

기다림이 괴로운 이유는
이미 내가 원하는 결과가
정해져 있기 때문입니다.
내가 생각하고, 바라는 것들이 모두
원하는 대로 응답되어야 하기 때문입니다.
마음이 조급한 이유도 그렇습니다.
내가 원하는 때에
이루어지지 않으면 안 되기 때문입니다.

잘 기다리는 방법은
하나님의 때와 인도하심을
절대적으로 신뢰하는 것입니다.
기다림의 시간은 하나님을 신뢰하는
시간입니다.

지금 어떤 선택 앞에 서 있다면,
선하신 하나님의 인도를 기대하며
기다려 보세요.

# 오늘도　　성경을 읽습니다


하나님의 뜻을
간절히 찾는다면서
성경을 읽는 사람은
매우 적다는 것은
참 아이러니한 일입니다.

인스타그램에 스쳐지나가는
메시지에 감동하고
유튜브에서 손가락 하나로 보는 영상에는
은혜 받았다면서
정작 하나님의 마음과 뜻이 담긴
성경은 제쳐 두고 있습니다.

하나님의 뜻을 알기 위해서
우리가 제일 먼저 해야 할 일은
성경을 읽는 것입니다.

하나님은
불투명한 미래와 막막한 현실을 사는 우리를
그분의 길로 이끌어 가십니다.

뒤돌아보고 싶을 때

지금 하나님의 뜻을 모르겠다고,
나를 향한 계획이 없는 것 같다고
의심하며 조급해 하지 마세요.

다만,
그분의 말씀을 읽으며
그분과 동행하는 것부터 시작하세요.

# 지루한 하루가

## 나를 만들어 갑니다

큼직한 자갈이 파도에 정신없이 밀려갔다가
또 정신없이 돌아옵니다.
거친 모래가 되어도
곱고 부드럽게 될 때까지 반복됩니다.
자갈의 다사다난한 하루는
쪼개지고 쪼개져서
부드럽고 눈부신 모래가 됩니다.
이렇게 모래가 만들어지는 과정은
다채롭고 아름답습니다.

자갈의 일상은 무료한 우리의 날들 같습니다.
우리 인생은 모래가 되는 자갈 같습니다.
자만심으로 우쭐한 나는
하나님의 파도를 통해 조각납니다.
점점 작아지는 내 모습은
남들과 비교해
한없이 초라해 보일 때도 있습니다.
그러나 하나님의 길을 가는 사람은
하나님의 멈추지 않는 계획과 사랑 안에서
날마다 자라고 있습니다.

## 상처가          있더라도

우리는 상처를 치료하는 법보다
상처 나지 않는 법을 더 알고 싶어 합니다.
하지만 무심코 떨어트린 그릇이나
심지어 얇디얇은 종이로도 생채기는 생깁니다.
절대로 아프지 않고 살거나,
상처가 나지 않도록 완벽하게 예방하는
방법은 없습니다.
중요한 것은
우리를 다치게 하는 것들이
우리를 무너뜨리지 않도록
해야 한다는 것입니다.

그래도 하나님의 길

## PART 3

옆에 있는 사람들

하나님 아니면
만나지 못했을 사람들

# 새벽 3시,

## 하나님을 만나다

새벽 3시,
모두 곤한 잠에 빠진 시간.
절절한 가슴으로 엎드리기만 해도,
그렇게 말없이 울기만 해도,
하나님은 다가와
다독다독 안아 주셨습니다.

그런데 언젠가부터 하나님이
내 기도를 듣지 않는 것처럼
느껴집니다.

홀로 일어나
엎드려 기도해도
하나님은 침묵하십니다.

전에는 눈물만 흘려도
바로 안아 주셨는데
하나님은 조용하시기만 합니다.
예상했던 모든 것이 깨지는 시간입니다.

그래도 묵묵히

새벽 3시가 되면
부스스 일어나 하나님께 나아갑니다.

바로 응답해 주시지 않아도,
떼쓰며 울어 버리는 어린아이가
이제는 아니니까요.
아장아장 걷는 아이의 신앙에서
아프고 아픈 사춘기를 지나는 중이니까요.

그리고 그 시간을 통해 나는
혼자서 냅다 하고 싶은 말만 하는
독백에서
하나님과 마음을 주고받는 기도를
할 수 있게 되었습니다.

새벽 3시, 기도 시간을 통해
이젠 하나님과 진지한 이야기도
나눌 수 있는 사이가 되었습니다.

# 걷고 　　　　또 걸었습니다

걷고 또 걸었습니다.
달라지는 건 없어 보였습니다.

하지만 내 안에 심긴 작은 씨앗은
나도 모르는 사이
계속 자라고 있었습니다,
하나님의 소망이 될 때까지.

영향력을 끼치지 않으면
실패한 인간처럼 보이는 시대,
꿈조차 숫자로 표현하는 시대에
하나님은 우리에게
그분의 꿈을 꾸라고 하셨습니다.

나만을 위한 꿈이 아닌
우리를 위한 꿈을 꾸라고 하셨습니다.

그리고 우리 걸음을
높고 높은 성공의 자리가 아닌
더불어 사는 생명의 자리로
이끄셨습니다.

그래서 걷고 또 걸었을 뿐인데
그렇게 나는 하나님을
닮아 가고 있었습니다.

## 가장 가까이 있는 사람

우리는 가까이 있는 사람들에게
영향을 받습니다.

엄밀히 말하면
가까이 있는 사람이 아닌,
가까이 하는 사람에게
영향을 받는 것입니다.

지금 누구에게 영향을 받고 있습니까?
지금 누구에게 영향을 주고 있습니까?

그리고 당신은 지금
하나님을 가까이 하고 있습니까?

옆
에
있
는
사
람
들

# 두려워하지

## 않을 이유

우리가 하나님 뜻대로 살아가려고 결심하면,
꼭 유혹하는 사람들을 만나게 됩니다.
그들은 허무맹랑한 이야기로
현혹하지 않습니다.
우리가 처한 문제를 사실 그대로
보게 할 뿐입니다.

해결되지 않는 가정 문제,
인간관계의 고충,
당장 눈앞에 처한 경제적인 어려움.
예배드릴 곳조차 마땅치 않은 현실에
결심했던 것이
이내 흔들리고 맙니다.

이렇게 현실을 깨닫게 만드는 사람들은
광야는 삭막한 공포만 있다고 말하며
하나님이 함께하신다는 사실을
망각하게 합니다.

하지만 하나님은 우리를
광야로 쫓아내시는 것이 아닙니다.

우리와 함께 가십니다.
그렇기에 삶에서
광야 같은 순간이 다가와도
두려워할 것 없습니다.

옆에 있는 사람들

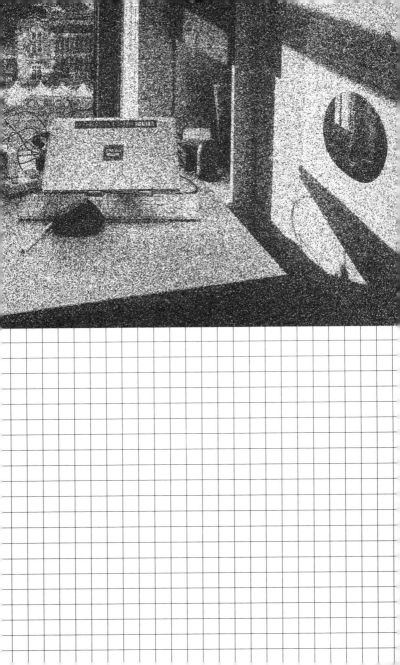

믿음은
이해되지 않는
순간을 지나며
성장합니다.

## 하나님 앞에서

### 불안해하다

오늘도 나는 열리지 않는 길에서
절망하고 낙심합니다.
하나님의 길을 걷는다면서도
내 안에는 평안함이 없습니다.

갈림길에서 지레 겁을 먹고서
아무것도 하지 못하고
망설이는 것만 반복할 뿐입니다.

남들은 저멀리 나아가고,
나만 늦었다는 자책감이 더해져
발목을 붙잡습니다.

그분의 길인데,
아버지께서 함께하시는 길인데 말이죠.

나와 비슷한 어려움을 겪고 있지만
묵묵히 길을 걷는 이들이 있습니다.
그들의 목적은 완벽한 여행이 아니라
하나님과 동행이기에 묵묵합니다.

나를 절대 포기하지 않으시고
언제나 함께한다고 말씀하시는
하나님을 향한 절대적인 신뢰가 필요합니다.

하나님이 함께하신다는 말은
모든 일이 잘 풀릴 때보다
오히려 이럴 때 힘을 발휘합니다.

안심하세요.
하나님은 당신의 곁을
절대로 떠나지 않으시는 분입니다.

옆
에
있
는
사
람
들

당신은

　　누구의 이야기를 듣고 있나요?


극도의 긴장과 불안이
둘러싼 광야에서
생명을 말하는 사람이 있고,
죽음을 말하는 사람이 있습니다.

우리는 선택해야 합니다.

당신은 누구의 이야기에 귀를 기울입니까?

# 성공에 대한

## 강박

세상은 우리에게 성공하기 위해서는
목표를 달성한 그 모습을
날마다 상상하라고 말합니다.
이루고자 하는 꿈을
매일 그리라고 가르칩니다.
자신의 뇌가 성공한 모습을
진짜로 착각하게 될 때까지
속이면 된다고 합니다.

성공을 목표로 할 수 있습니다.
우리는 하나님이 주신 인생을
열심히 살아야 합니다.
하지만 내가 원하는 것을 이루는 것이
인생의 목표가 아니라는 것입니다.

모든 성공의 이미지는
결국 '나'를 향하고 있습니다.
그러다 보면 하나님은
그 성공을 이루어 주시는
조력자로 전락하게 됩니다.

믿음은 자기계발서에서 말하는
자기 최면과 같은 신념이 아닙니다.
성공을 위해 열심히 달리십시오.
하지만 무엇을 위해
그것을 달성하고 싶은지
잊지 마십시오.
믿음은 성공한 자기의 모습을
그리는 것이 아니라
인생의 주인 되시는 하나님을
날마다 바라보는 것입니다.

그래도 하나님의 길

하나님의 원칙을 따라가면
실패할 것만 같습니다.
하나님의 뜻을 이루어 드리는 길은
남보다 느리게 가는 길 같습니다.

하지만 생각해 보십시오.
우리 삶의 목적이 남들보다
빠르게 가는 것이었습니까?

## 걷지 못하는        기도

나만을 위해 기도한다면,
굳이 움직일 필요가 없습니다.
편안한 자리에서 일어날 필요가 없습니다.
내가 중요하기 때문에,
다른 사람은 볼 필요도 없습니다.
그냥 하나님께 기도만 하면 됩니다.

하지만 나를 넘어 이웃을 향해
기도하는 사람은 기도만 하지 않습니다.
가만히 앉아서 기도만 하고
있을 수가 없습니다.
그래서 기도의 자리에서 일어나
하나님의 손과 발이 됩니다.

기도하는 사람은
하나님의 마음을
알아 가는 사람입니다.
힘들고 지친 사람들에게 다가가
무거운 짐을 같이 드는 사람입니다.
어디로 갈지 몰라 방황하고 있는 이에게
안심하라고 말해 줄 수 있는 사람입니다.

절망에 갇혀 괴로워하는 이들에게
하나님의 소망의 빛을 전하는 사람입니다.

우리 기도는 이웃을 향해야 합니다.
기도는 그래야 합니다.

# 낮선 길에서    불안해할 때

처음 가는 여행지에서는 걸음걸음이
긴장합니다.
특히 아무도 없는 길을 걸을 때
더욱 그렇습니다.

그런데 하나님의 길을 걸어갈 때도
때때로 긴장합니다.
한 걸음 한 걸음 걷다 보면
아무도 곁에 없는 것 같고,
잘못된 길을 가는 건 아닌가
불안해하기도 합니다.

'비전 vision'이라고 하면
'꿈' 혹은 '사명'이라는 의미가
가장 먼저 떠오르지만,
영어 사전에서 가장 먼저 나오는 뜻은
'시력'입니다.

우리가 하나님의 비전을 품고 산다는 것도
어쩌면 큰 목표를 갖는 것이 아닌
하나님의 관점을 갖는다는 뜻 아닐까요?

하나님의 길에서
언제나 함께하시는 하나님을 볼 수 있는 시력,
우리의 도움이 필요한 이들을 볼 수 있는
눈을 갖는 의미인 것 같습니다.

지금 낯선 길에 있다면
불안해하거나 염려할 필요가 없습니다.
다만 우리는 이렇게 기도해야 합니다.

"하나님,
이 길에서 우리가 보아야 할 것을
보게 해 주세요."

옆에 있는 사람들

## 우리는 이미

## 하나님의 마음을 품고 살고 있다


오늘 당신의 시선은
어디에서 머물렀나요?

손수레에 폐지를 가득 싣고
오르막을 오르던 할아버지,
쪼그려 채소 팔던 할머니.
지팡이를 톡톡 치며 위태하게
길을 가는 시각장애인,
놀이공원에서 길을 잃고
울고 있던 아이.

우리 눈은 언제나
하나님의 시선이
닿는 곳에 있었습니다.

하나님의 길 위에서
우리는 하나님의 손과 발이 되어
따뜻한 온기와 사랑의 음성을
전하는 자가 됩니다.

우리는 그렇게
하나님의 마음을 품고
그분의 길을 걷고 있었습니다.

아픈 사람, 배고픈 사람을 돕는
이 당연한 일을 우리는 잊고 삽니다.

## 때로는                   그냥 놔두십니다

아들이 집을 나가면 그의 인생이
내리막길이 될 것을 알고 계셨습니다.
그럼에도 아버지는 아들을 보내 주었습니다.

아들의 고생을 뻔히 아셨지만
그래도 보내셨습니다.
그리고 날마다 떠난 아들이 돌아오기만을
기다리셨습니다.

하나님은 억지로
하나님의 길을 걷게 하지 않으십니다.
"하나님이 좋아요.
아버지가 인도하시는 길이 정말 좋아요."
이 고백을 할 수 있을 때까지 기다리십니다.
아버지의 따뜻한 품에 있고 싶은
마음을 가질 때까지 기다리십니다.

우리가 아버지의 품을 떠나 있을 때
고생하면서도 배우는 것이 있습니다.
눈에 좋아 보이는 것들이
우리를 쇠약하게 하는 것이라는 사실입니다.

이 지식을 우리에게 쌓게 하시려고
하나님은 오늘도 우리를 기다리고 계십니다.

## 회복하는 데

## 걸리는 시간

여행 중에는 길을 잘못 드는 일이
종종 생깁니다.
그렇다고 당황하거나 잘못된 길로 왔다고
염려할 필요는 없습니다.

여행을 망쳤다고 생각할 필요도 없습니다.
다시 돌아오면 됩니다.

그런데 가능하다면
빨리 돌아오는 것이 좋습니다.
잘못된 길로 들어선 이상
바른 길로 돌이키는 데는
많은 힘을 써야 할 수도 있기 때문입니다.

해야 할 일이 있음에도
밤을 새워 다른 일을 했다면
다음 날 체력에 영향이 없을 수가 없듯이,
남을 험담하는 습관이나 쉽게 화를 내는 것,
음란한 생각에 빠지는 것도 마찬가지입니다.
다시 거룩을 회복하는 데는
시간과 에너지가 필요합니다.

옆에 있는 사람들

우리가 넘어지면
하나님은 언제든 다시 일으켜 주시지만,
아무렇지도 않을 수는 없습니다.

죄는 분명 삶에 영향을 미칩니다.
아픈 대가를 치르게 됩니다.
그 문제는 자신뿐만 아니라
가족과 공동체에까지 전달되기도 합니다.

"그런즉 선 줄로 생각하는 자는 넘어질까
조심하라(고전 10:13)."

용서해 주시는 하나님을 믿고
실수를 반복해서는 안됩니다.
지금 하나님의 길을 바르게
잘 가고 있다고 여긴다면
더욱 주의해야 할 때입니다.

# 미운           사람

내가 미워하는 사람을
다른 사람도 싫어했으면 좋겠습니다.
모든 사람이 내 편이 되고,
그 사람은 혼자가 되었으면 좋겠습니다.
아무리 생각해도 그렇게 되어야
맞는 것 같습니다.

요나가 니느웨로 가지 않은
이유도 그것이었습니다.
내 민족을 핍박하는 악독한 니느웨는
멸망 받아 마땅한 족속이니까요.
아무리 생각해도 그랬으니까요.

우리가 누군가를 판단하고 미워할 때,
우리는 하나님의 자리를 넘보게 됩니다.
이런 마음으로는 니느웨가 아니라
다시스로 도망했던 요나처럼
하나님의 길에서 탈선하게 됩니다.

하나님은 요나가 니느웨를
사랑하길 원하셨습니다.

그것이 하나님의 마음이었습니다.
우리는 하나님의 마음으로
이렇게 기도할 수 있습니다.
"나에게 해를 가하는 사람도
사랑할 수 있게 해 주세요."

이렇게 기도하는 자리로 나아갈 때에야
비로소 우리는 하나님의 길에
다시 설 수 있습니다.

## 사람, 사랑, 환대

저녁 어스름,
시골 마을 집집마다 굴뚝에서는
퐁퐁 연기가 피어오릅니다.
모락모락 솟아오르는 굴뚝 연기는
차가운 겨울밤을
따뜻함으로 감쌉니다.

아궁이에 불 지펴
집안에 온기를 채우고
허기졌을 가족을 생각하며
저녁 준비를 합니다.
시린 손을 호호 불며
돌아올 가족을 기다리는
정겨운 모습에서
서로를 위하는 사랑이 전해집니다.

우리 삶에도
이렇게 차가움을 덮는 연기가
피어오를 때가 있습니다.
누군가는 이 연기를 보며
마음에 따뜻한 위로를 얻을 것입니다.

곁에 있는 사람들

우리 마음에 품고 있는
하나님의 사랑을
경험하게 될 것입니다.

멀리서 저녁 연기가 피어오릅니다.
고된 하루를 마치고
이제는 집에 돌아와
마음을 놓아도 된다고
말씀하시는 것 같습니다.

옆에 있는 사람들

## 어떤 냄새를          좋아하나요?


아기 살결 냄새
꼭 쥐고 있는 아기 손에서 나는 땀 냄새
사각사각 원두가 갈리며 나는 냄새
투둑, 비가 땅바닥을 두드릴 때 올라오는 흙냄새
새 책에서 나는 종이 냄새
어둠이 가라앉은 부유한 새벽 공기 냄새
여름 햇볕에 바싹 말린 이불 냄새
늦여름 불어오는 저녁 바람 냄새
바깥 놀이 한 아이에게 나는 바람 냄새

당신은 어떤 냄새를 좋아하나요?
나에게도 당신이 좋아할 냄새가 날까요?

# 우리가　　　가야 할 길

하나님의 길을 가다 보면 생각보다
많은 아픔이 있습니다.
좁은 길을 헤치고 나아가야 하고,
가시밭길을 걸으며 아무도 가지 않는 길을
걸어야 하기 때문입니다.

그런데 이 상처들이 때때로
삶의 이정표가 되기도 합니다.
건강했을 때는 휙휙 지나가던 길에서
상처로 인해 조금 느려진 발걸음 덕분에
천천히 길 위의 것을 눈에 담습니다.

나와 같이 다친 이가 없는지,
고통 속에 괴로워하는 이가 있는지
살피게 됩니다.
이렇게 도움이 필요한 사람들에게로
걸음을 옮기고 함께 울고 웃으며
다른 사람의 상처를 돌봅니다.
그렇게 사람을 보듬는 그 사람의 길은
외롭지 않습니다.
길을 잃게 되는 일도 없습니다.

그렇게 길을 걷는 것,
그것이 우리가 가야 할 길입니다.

옆에 있는 사람들

고통의 한 가운데에서는
나만 바라보게 됩니다.
그 시간을 견디어 내면
다른 이들이 보입니다.

어둠에 익숙해져야 주변이 보이듯
고통 중에서만 보이는 것이 있습니다.

## PART 4

위를 바라보는 시간

하나님과 걸어가는 길,
하나님께로 완성되어 가는 길

# 수영을        하듯이

무기력해서 예배할 힘도 없을 때,
수영을 생각해 보세요.
물에 몸을 맡기듯
하나님께 모든 것을 맡기는 거예요.
어떠한 힘을 줄 필요도 없습니다.
그래야 가라앉지 않고 떠오르거든요.

물 위에 누워서 하늘을 보면
우리 곁에 있는 구름을 발견하게 됩니다.
구름이 머무는 동안,
우리는 그 그늘 아래 쉼을 얻을 수 있습니다.
또 지금껏 열심히 달려온 우리를 토닥여 주듯
시원한 바람을 만나기도 합니다.
마치 하나님이 위로해 주시는 것처럼요.

지금 아무것도 하고 싶지 않다고 해서
자신을 비난하지 마세요.
때로는 우리의 열심과 부지런함이
하나님을 위한 것이 아닐 때도 있습니다.

하나님은 의도적으로 우리를 멈추게 하십니다.

위를
바라보는
시간

멈추어 있는 것은 잘못이 아닙니다.
하나님을 찾지 않는 것이 문제입니다.

멈추어 누워 있는 이 시간
내가 누구인가를 더 깊게
생각할 수 있는 시간입니다.
하나님은 함께 앉아
기다려 주시는 분입니다.
스스로 만든 괴로움에 무너지지 말고
우리 몸을 하나님의
잔잔한 바다에 맡기세요.

# 기왕이면

## 화려하고 멋지게

우리가 믿는 신앙의 가치들이
언젠가부터 삶을 멋지고 화려하게 만드는
도구가 되어 가고 있습니다.

심지어 "겸손은 무기입니다." 라고
말하기도 합니다.
어떻게 겸손이 우리를 성공하게
만드는 무기가 된다고
할 수 있을까요?

예수님은 수치와 인내를 감당하신
십자가에서 겸손을 나타내셨습니다.
십자가에서 내려와 성공한 왕이 되기 위해
겸손을 이루신 것이 아니었습니다.

하지만 현재를 살아가는
그리스도인의 모습을 보면
겸손, 나눔과 같은 가치들이
내 삶을 훌륭하게 만들고,
자신을 포장하는 장식이
되어 가고 있는 것 같습니다.

신앙은 나를 멋지게 만들어 주는
도구가 아닙니다.
이기기 위해 휘두를 수 있는 무기가 아닙니다.
우리는 소유하고 이루어 낸 것들로
가치를 증명하는 사람들이 아닙니다.
우리 안에 보배로 인해 사는 존재입니다.

우리 삶은 실패해도 가치가 있습니다.
실패를 통해 질그릇에 담긴 보배가
더욱 드러나기 때문입니다.

자신의 삶에서
멋진 문장을 쓰려 하지 마세요.
너무 화려한 글은
쓰러진 사람을 일으켜 세우고
생명을 전할 수 없습니다.

위를
바라
보는
시
간

## 불안과 염려가

### 습관이 되어 갈 때


염려가 습관인 사람에게 좋은 방법이 있습니다.
불안하고 걱정되는 일이 생길 때마다
질문을 바꿔 보는 연습을 하는 것입니다.

'길을 잃으면 어떡하지?'라는 염려가 생기면
'길을 잃어버리면
하나님이 새 길을 보여 주실 거야.'라는
믿음의 생각으로 바꿔 보는 것입니다.

작동하지 않는 냉동 창고 안에 갇혀
얼어 죽을지도 모른다는 두려움에
죽어 갔던 어느 사람의 이야기처럼,
염려는 우리 곁에 계시는 하나님을
느끼지 못하게 만듭니다.

이렇게 자주 불안해하고 걱정하다 보면
하나님이 아닌 두려움과 친숙해집니다.
염려는 내 일이 아닙니다.
하나님께 맡긴 일이 되어야 합니다.

용기 있는 사람은 걱정도 없고,

겁도 없는 사람이 아닙니다.
하나님이 누구신지 아는 사람입니다.
우리의 모든 문제는 사실
하나님을 확신하지 못하는 데서 출발합니다.
그러니 염려 대신 믿음을 채우십시오.
하나님이 해결하지 못할 우리 상황은
어떤 것도 없습니다.

## '만약에'라는          말

'애초에 그 선택을 하지 않았더라면…'
'그 일이 나에게 일어나지 않았더라면…'

우리는 늘 이렇게 후회하고 아쉬워하고
애써 스스로를 다독입니다.

하지만 하나님께는 후회하심이 없습니다.
하나님은 '만약에'를 바꾸셔서
우리 인생을 그분의 길로 인도하십니다.

어디서든, 어떻게든
우리를 끝까지 사랑하신다는 확신으로.

# 바람         불어오는 곳

크고 세찬 바람이 불어올 때,
구름은 빠르게 움직입니다.
살랑거리는 산들바람이 불어올 때,
구름은 유유히 하늘을 누빕니다.

하나님의 인도하심은 바람 같습니다.
우리는 늘 '빠르게'를 원하는데,
하나님의 바람은 '천천히' 불어오기도 합니다.
때론 부드럽게,
때론 강하게 이끄시기도 합니다.

우리는 바람을 만들 수 없고,
우리가 원하는 대로 바람은 불어오지 않습니다.
단지 그 바람을 따라가는 구름일 뿐입니다.

오늘도 하나님의 바람이 우리 삶에 불어옵니다.
어디서 어떻게 바람이 불어와
어디로 가게 될지 모르지만,
분명한 것은
하나님의 사랑은 여전히 변함없다는 것입니다.

위를 바라보는 시간

바람의 길이 어떠함과 아이 밴 자의 태에서
뼈가 어떻게 자라는지를 네가 알지 못함 같이
만사를 성취하시는 하나님의 일을 네가 알지
못하느니라(전 11:5).

바람 한 점 불지 않는 날인데,
구름은 흘러 움직이는 것을
볼 때가 있습니다.
그때는 구름 안에
바람이 있는 날입니다.

위를
바라보는
시간

# 기도만

## 하는 사람

아이러니하게도 기도만 하는 사람은
두려움이 많습니다.
믿음의 결단 후에는 일어나 걸어야 하는데,
실패를 걱정하고 그 자리에서
계속 기도만 하는 것입니다.

기도하는 사람과 기도만 하는 사람은
큰 차이가 있습니다.
기도하는 사람은 하나님이 주시는
마음에 따라 결정하고,
그 믿음으로 담대히 나아갑니다.
반면 기도만 하는 사람은 눈을 꼭 감고
하나님의 음성과 신호만을 기다립니다.
그리곤 꼼짝도 하지 않습니다.

우리가 어떤 결정 앞에 있다면,
이제는 힘을 내어 한 걸음을
내디딜 때인지도 모릅니다.
하나님의 뜻을 모르겠다고,
응답이 없는 것 같다고
기도만 하는 사람이 되지 맙시다.

하나님의 응답은 믿음의 결단으로 한 걸음씩
내딛는 이에게 보이십니다.
기도하고 나아갑시다.
더 기도하지 않았다고 불안해하지 맙시다.
하나님은 당신의 용기 있는 걸음 가운데
힘을 더하실 테니까요.

## 우리에게

## 많은 선택을 하게 하시는 이유

우리 삶은 정말 많은 선택으로
이루어져 있습니다.
되돌아보면 가 보지 않은 길에 대한 후회는
꺼내고 꺼내도 또 할 수 있을 만큼
가득합니다.
삶에 아쉬움과 후회가 있다면
그것은 아마 지금 선택이
만족스럽지 않기 때문일 것입니다.

그렇다면 하나님은 왜 이렇게
많은 선택을 하도록 하셨을까요?
때로는 잘못된 선택으로 절망하게 하고
괴롭게 하시려는 걸까요?

우리는 틀리지 않는 답을 찾기 원하지만,
하나님의 마음은 그 많은 선택을 통해
'어떤 선택을 하든지 난 언제나
너와 함께한다.'는 것을
알려 주시려고 하는 것은 아닐까요?

하나님이 우리에게
한 가지 선택만을
할 수 있게 하시는 이유는,
그 선택에서 하나님만을
의지하게 하시기 위함이 아닐까요?

## 기쁨,                    그것 하나만


걷는 내내
넘어지지 않으려 신경 쓰고
이 길이 맞을까 걱정합니다.
겨울이 지나고 새봄이 와도
마음은 불안하고
여전히 즐겁지가 않습니다.

소소한 것 하나를 결정할 때도
신중하다 못해 망설이게 되고
이런 내 모습을 남과 비교하며
약하고 부족한 모습에
또다시 절망합니다.

이왕 가는 인생 길
기쁘게 가고 싶은데,
염려가 습관인지
그게 잘 안됩니다.

세상 염려, 내 한계
생각하면 할수록 부족한 것투성이입니다.

그럴 땐 스스로 내 상황을
묵상하는 것을 그만두고
절대로 떠나지 않으시고,
언제나 함께하시는
하나님을 바라보세요.

"하나님이 계셔서 기쁩니다."
"다른 게 없어도 괜찮습니다."
"하나님만 계시면 됩니다."
이 고백이면 됩니다.

하나님과 걷는 이 길이
비교와 절망 대신
기대와 기쁨으로
가득찼으면 좋겠습니다.

# 우리는 늦는 게          당연해요

하나님의 마음을 품은 사람은
길 위에서 만나는 이들에게 마음을 쏟습니다.
쉽게 그 길을 지나치지 못하고
그 자리에서 자신의 시간을 내어놓습니다.
남들보다 늦는 게 당연합니다.

그래서 때때로 불안과 두려움이 엄습합니다.
크고 넓은 길로 막힘없이
달려가는 사람들을 볼 때
스스로 작아지기도 하고
어리석은 사람처럼 느껴지기도 합니다.

그런데 하나님은 우리가 열심히 달려서
남들보다 빨리 목적지에 도착했다고
칭찬하시는 분이 아닐 겁니다.
하나님 눈에 밟히던
도움이 필요한 이들을 어찌하고
이리 빨리 왔냐고 물으실 것 같습니다.

위를
바라보는
시간

우리는 하나님의 길을 충분히
잘 걸어가고 있습니다.

남들보다 늦어도 괜찮으니 천천히 갑시다.

대부분 지름길은 좁은 길을 통해야 나오고,
우리를 천천히 걷게 하는
그 좁고 낮은 길은 사실
더 빠르게 하나님께 가까이
나아가게 하는 길일 테니까요.

뜨거운

# 여름의 시간

먹음직스럽고 탐스런 열매를 기대한다면
뜨거운 여름을 견뎌야 합니다.
여름 뙤약볕을 견딘 나무만이
가을에 다디단 맛과 향을 가진
열매를 얻을 수 있습니다.

하나님께 기도하고선
바로 응답해 주시지 않는다고
혹시 토라지진 않았나요?

우리 모든 것에 관심을 쏟는 하나님은
필요를 다 아시면서도
우리가 하나님께 나아와 아뢰길 기다리십니다.
그러면서 때때로
여름 뙤약볕을 주시기도 하고
소나기를 주시기도 합니다.

우리는 그 시간을 견디며
점점 더 하나님을 닮아 가겠지요.

기도하며 하나님이 어떻게 답하시는지

묵묵히 기다려 봅시다.
하나님이 해결하지 못할
최악의 상황은 없습니다.
아마도 하나님은
우릴 위해 가장 최상의 것을
준비하고 계실 것입니다.

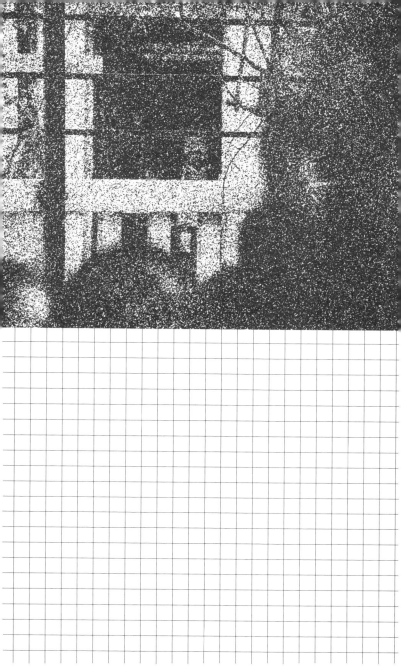

# 얄팍한

## 낙관주의

"그래도 하나님은 나를 사용하실 거야."
마음대로 살아 놓고서는
이렇게 착각하는 사람이 있습니다.
때때로 하나님은 있는 모습 그대로
사용하시기도 합니다.
그러나 멋대로 살면서 사용해 주시기를
바라는 것은 인간의 오만함입니다.

"나 없어도 잘 사네. 알아서 하라고 해."
만약 하나님이 이렇게 말씀하시며
우리네 인생에서
손을 놓으신다면 어떨까요?
그것만큼 불안하고 두려운 일이 있을까요?

# 실수로

## 선택한 일들

"지금 내 모습을 하나님은 어떻게 생각하실까?

이 질문은 늘 우리를 괴롭힙니다.

하나님을 생각하지 않고
또 오늘을 보냈다는 죄책감,
하나님의 마음을 품지 못했다는 불안감,
하나님의 눈으로 세상을 바라보지 못했다는
후회의 마음.

이것들이 나를 갉아먹고 있습니다.

그러나 이것만 기억하세요.
하나님은 우리가 실수로 선택한 곳에서도,
하나님 닮지 못한 모습 가운데서도
함께하십니다.

위를
바라보는
시간

# 믿고 보는      영화

각본, 제작, 감독: 하나님.

우리 삶은 결코 망할 수가 없습니다.
하나님이 모든 것을 계획하시고
인도하고 계십니다.

## 마음이 단단한          사람이 되는 법

근심, 걱정은
하나님과 관계가
바르지 않을 때 생겨납니다.
죄가 하나님과의 사이를
가로막고 있기 때문입니다.
하지만 하나님과 관계가 바르다면,
어려움이 와도 절대로 흔들리지 않습니다.

하나님과 관계가 바르면 바를수록
단단한 사람이 됩니다.
하나님이 나를 붙드시고,
내가 하나님께 붙어 있기 때문입니다.
나의 능력이 나를 성공하게 하지 않습니다.
내가 모든 일에 뛰어난 사람이 되어도,
하나님과 관계가 바르지 않다면,
그 성공은 일시적인 것이 될 수밖에·없습니다.

결국 마음을 단단하게 하는 방법은
내 능력이 아니라
주님과의 인격적인 관계,
그 친밀함을 통해서입니다.

위를 바라보는 시간

하나님을 더욱 알고 싶다면,
그분과의 만나는 시간을 더 늘려야 합니다.

# 반복되는 문제

"하나님, 이 문제를 한 번에 해결해 주세요.
하나님은 그러실 수 있는 분이시잖아요"

우리는 문제를 만나면
단번에 해결하고 싶어 합니다.
우리가 기도만 하면
기적이 일어나
그동안 저지른 잘못과
어려움이 사라지고
다시 예전처럼 돌아가면 얼마나 좋을까요?

하지만 오래된 문제는 생각처럼
그렇게 술술 풀리지 않습니다.

우리 문제는
이미 작고 보잘것없는 물방울이 아닌,
폭우를 내릴 만큼
큰 구름이 되었기 때문입니다.
우리 힘으로는
도저히 감당할 수 없을 정도로 크게,
쏟아내지 않고서는 그 무게를

감당할 수 없을 정도로 크게 말이죠.

이미 몸집을 키울 대로 키운,
반복되는 문제 앞에서
우리가 할 수 있는 일은
그분을 매일 만나는 것입니다.

불안과 염려가 친구가 되기 전에
매일 말씀을 읽고 기도한다면
우리는 매일 하나님께 가까이 다가가겠지요.

매일 하나님과 만나는 시간을 통해
차츰차츰 변해갈 것입니다.
우리 문제도, 우리 자신도.

그렇게 시간이 흘러
우리는 보게 될 것입니다.

폭우를 내리는 이 구름이 지나가면
떠오르는 하나님의 무지개를요.

행여나 부서지지 않을까
조심조심 몸을 사려가며
걷는 길이 아닌,

조금은 거칠더라도,
하나님을 충만히 경험할 수 있는
이 길을 오늘도 걸어갑니다.

## 그래도 하나님의 길
선택의 순간에 고민하게 될 때

2023년 4월 10일 초판 1쇄 발행
2023년 5월 5일 초판 2쇄 발행

**지은이** 카이

**펴낸이** 고태석
**디자인** 김수진 | 엔드노트
**편집** 김지혜 | 양야의숲

**펴낸곳** 구름이 머무는 동안
**출판등록** 2021년 6월 4일 제2022-000183호
**이메일** cloud_stays@naver.com
**인스타그램** @cloudstays_books

**ISBN** 979-11-982676-1-0 (03230)

ⓒ 카이, 2023